ÉDOUARD LOCKROY

ÉDOUARD LOCKROY

LES HOMMES DU JOUR

ÉDOUARD LOCKROY

PAR

JEAN SAINT-MARTIN

PARIS
A LA LIBRAIRIE ILLUSTRÉE
7, RUE DU CROISSANT, 7

ÉDOUARD LOCKROY

Parmi les élèves qui fréquentaient, rue du Regard et, ensuite, rue Vaugirard, l'atelier du peintre Gleyre, vers 1859 et 1860, se trouvait un tout jeune homme qui paraissait bien n'avoir pas vingt ans : l'air doux et la voix vibrante, la taille svelte et la grâce d'une jeune fille, mais plein de verve et d'entrain, très vif à la riposte, spirituel en diable et le plus fort des camarades pour ce qu'on appelle les charges d'atelier; un bon garçon qui égayait son monde, qui rendait volontiers service et dont on disait: il a de l'avenir.

C'était Édouard Lockroy, — aujourd'hui ministre du Commerce et de l'Industrie. Saluez !

Ce qui apparaît, aujourd'hui, en Lockroy, c'est la personnalité politique. Rien n'est moins rare que de voir les hommes qui sont destinés à marquer dans l'histoire des luttes publiques débuter dans la vie par les sciences ou par les lettres. C'est logique : la politique doit être l'art d'aimer et de servir son pays; l'étude des sciences et des lettres prépare les âmes à cette noble besogne.

Mais il n'est pas sans intérêt de rechercher ce que fut, en sa jeunesse et dans sa première manière, cet esprit éminent et si original qui, de très bonne heure, se détachait déjà en relief sur tant de figures banales, sur les fonds grisâtres et fort aplatis de notre époque contemporaine.

Édouard Lockroy est né en juillet  18[illegible]. On ne peut pas être plus parisien que lui : il vint au monde rue des Pyramides, à vingt pas des Tuileries.

Son père est l'auteur distingué d'une foule d'œuvres charmantes dont le titre éveille bien des souvenirs pour la génération littéraire qui a précédé la nôtre : *Perrinet Leclerc*, *la Jeunesse dorée*, *Passé minuit*, *les Trois épiciers*, *Bonsoir monsieur Pantalon*, *le Chien du jardinier*, *les Dragons de Villars*, *la Reine Topaze*, etc. Joli bagage, comme on voit, d'esprit, de poésie et d'imagination. Ajoutez, à cette influence, celle d'une mère au cœur élevé, pleine de bon sens et de tendresse, et vous aurez facilement les lois d'atavisme et d'éducation qui ont créé et développé l'homme dont nous esquissons rapidement ici la vie et l'œuvre.

De ce jeune élève peintre on avait voulu d'abord faire un agronome. A dix-sept ans, il étudiait les *jardins* de Delille ; il connaissait son Jussieu sur le bout du doigt ; il avait pâli sur les œuvres de l'abbé Terray, sur les travaux de Lavergne et sur la *Revue* de M. Barral. Mais sa famille, qui couvait du regard certaines dispositions de cet unique enfant, consentit à ce que, quittant ces sentiers sévères, il fît ses premiers pas dans les sentiers plus agréables de l'art.

Alors, il essaya de faire de la peinture; et il allait réussir, — car il avait un joli brin de plume à son crayon, comme dit Musset, — lorsque Alexandre Dumas, qui fut l'ami du jeune Édouard, comme il était l'ami de son père, lui dit un jour : « Mon enfant, quitte le pinceau et » la palette pour la plume et l'encrier; » tu feras mieux et tu iras plus loin; tu » as des idées. »

Dumas disait vrai.

Savait-il que l'élève de Gleyre passait plus de temps à la Bibliothèque nationale qu'il n'en passait à l'atelier ?

Peut-être.

Quoi qu'il en soit, Lockroy, dès cette époque de sa jeunesse, vivait surtout avec les livres. Et il lisait sérieusement, avec profit, avec le sentiment du bénédictin qui cherche, trouve et retient.

L'art pur, la peinture, s'éloignèrent dès lors, chaque jour, de sa pensée et ne furent plus désormais qu'à l'arrière plan dans l'esprit du jeune homme. Aujourd'hui, de temps à autre, il ne fait plus, — souvenir vague de ses goûts de jeunesse, — que dessiner à la plume ou au crayon, rapidement, en causant, après dîner, sur des feuilles volantes, quelques types de la vie extérieure, quelques créations de la vie imaginaire.

En 1860, son ardente nature le pousse vers les aventures et vers l'inconnu.

C'était le temps où Garibaldi préparait l'unité italienne et où, pour arriver à ce but, il allait, au prix de tant d'héroïsmes, recoudre la péninsule déchiquetée pour en faire un royaume aux mains du petit roi de Piémont. On connaît l'histoire de cette campagne.

Lockroy s'enrôla sous le drapeau de l'indépendance et combattit à côté du général Türr. Il était parti pour Palerme et la Sicile avec ce pauvre Paul Parfait, mort il y a trois ans.

Vers la fin de la campagne, Garibaldi le chargea d'aller prendre livraison d'une cargaison d'armes et de munitions qu'on lui avait expédiées à Malte. Lockroy venait d'y arriver, et il s'apprêtait à remorquer la cargaison quand il apprit que les hostilités avaient cessé par le fait accompli.

Les volontaires, une fois leur tâche accomplie, se dispersaient. Piquante mais quelquefois triste destinée que celle des soldats des causes internationales! Tandis que la nouvelle Italie triomphait et s'organisait, le jeune Lockroy fut oublié à Malte par le patron de la chaloupe qui l'y avait amené. Et, comme il avait laissé sa bourse dans les poches de sa chemise rouge, il se trouva, un soir, sans ressources, sans un sou, sur les rivages de l'île des mandarines. Il se mit à errer dans la ville, cherchant en vain un visage ami, tout au moins un voyageur français, pour lui conter sa peine.

A la nuit noire, il aperçut l'enseigne d'un hôtelier dont le nom avait une physionomie marseillaise. C'était le salut. Le bonhomme s'appelait Reynaud. Obligé de fuir, au 2 décembre, il était venu à Malte poussé par les vents de l'exil.

Il accueillit Lockroy avec sa chaleur méridionale, et lui fournit les moyens d'attendre quelques subsides paternels qui devaient permettre à son hôte de s'embarquer pour la France.

Mais telle n'était pas l'intention de notre garibaldien.

L'Orient l'attirait, avec la splendeur de sa lumière, les problèmes de son histoire et de ses religions. A ce moment, l'Europe était émue du bruit des massacres de Syrie. Les chrétiens égorgés appelaient à leur secours le monde civilisé. Pointel, qui dirigeait alors le *Monde illustré*, écrivit à Lockroy, lui demandant de se rendre à Beyrouth, et de lui envoyer pour son journal des notes et des croquis sur ces évènements funèbres.

Quelques jours après, Lockroy se battait au milieu des Druses. A la tête d'un détachement de bachi-bouzouks, il dispersa plus d'une fois des bandes de pillards et de massacreurs ; et, quand l'armée française arriva en Syrie, nôtre Parisien avait déjà, comme Français, accompli sa part personnelle de bonne besogne sur ces champs de bataille de la civilisation contre la barbarie.

Sur ces entrefaites, M. Renan arrivait à Beyrouth, point de départ de ses investigations scientifiques en Orient. C'est à l'heure même où sa mission lui était confiée qu'avaient éclaté les douloureux événements de Syrie (mai 1860). De sorte que l'armée française se trouva être à la fois l'auxiliaire de la civilisation et de la science.

Le savant, déjà illustre, allait rechercher les traces de la vieille civilisation phénicienne et se préparait à répandre quelques points lumineux sur l'histoire obscure de ces pays si intéressants.

Il avait eu à Paris l'occasion de voir, par hasard, quelques dessins du jeune Lockroy et avait été frappé de sa finesse d'observation. Il lui offrit de l'attacher à ses explorations et à ses travaux.

Pendant plus d'un an, ils voyagèrent ensemble : mêmes courses, mêmes haltes dans le désert, même ardeur pour la science et même dévouement pour ces études qui allaient contribuer à ressusciter le passé, à reconstituer la vie de ces peuples qui disparurent après avoir jeté tant d'éclat.

M. Renan crut pouvoir immédiatement confier à son jeune compagnon le soin de faire un certain nombre de recherches à travers ces pays lointains et relativement peu visités jusqu'alors. Lockroy n'était pas un simple secrétaire ; il fut, pour l'archéologue, un collaborateur précieux et tel que l'œuvre personnelle du disciple est restée à côté de celle du maître. Dans le rapport général de M. Renan, en effet, plusieurs extraits des rapports de Lockroy se trouvent consignés, auxquels leur valeur propre, indépendamment de la place qu'ils occupent dans un travail si considérable, assure l'éternelle durée dans l'histoire de l'archéologie française (1).

(1) *Mission de Phénicie, dirigée par M. Ernest Renan*. Paris, Imprimerie nationale, 1861.

D'Aradus à Byblos, de Marathus à Tyr, Lockroy parcourt cette contrée occupée par « des populations parvenues au dernier degré d'abaissement où le fanatisme et un mauvais gouvernement peuvent conduire un peuple ».

Déjà malade entre Tortose et Lattakié, Lockroy accepta néanmoins de faire une excursion aux temples de Hosn el Sefiri et au monument de Hurmul.

Il visita les villages de Hawara, Debaïl, Nabi-Moussa, Colbaiet, Ellesbey; puis Kalaat el Hosn, près de Tortose; de là, il descendit la vallée de l'Oronte où mourut Zénobie : il y parcourut d'autres localités intéressantes : Mindaum, El Okser, Djusiet el Kadimet.

L'objet principal de sa mission, c'était le monument de Hurmul; « il en rapporta, dit M. Renan, un dessin meilleur que ceux qu'on possédait jusqu'ici (1) ». Il le dessina et détermina exactement son origine, comme il avait décrit et mesuré, le premier, les grottes de Mar Maroun.

Enfin, nous ferons assurément une révélation à la plupart de nos lecteurs, en leur disant qu'on peut voir au Louvre, dans une des grandes salles du rez-de-chaussée, un beau sarcophage en basalte noir, qui a été trouvé et mis à jour par Lockroy dans la plaine de Tortose, et qui a été apporté par ses soins à notre Musée national. En même temps, il prenait au passage, un type, un monument, un paysage, qu'il crayon-

(1) Le dessin de ce monument Néo-Syrien se trouve reproduit à la page 118 de l'ouvrage de M. Renan. Voir aussi la description des grottes de Mar Maroun (page 119), celle de Hosn el Sefiri, près de Tripoli (page 130) ; voir, enfin, dans le volume des planches de l'ouvrage de M. Renan, vingt-deux dessins signés Lockroy : Ruad, Amrith, Gébeil, Irapta-Sharfin, Sémar-Gébeil (route de Gébeil à Djoun). Ils sont déposés au Louvre avec les documents de la mission.

nait ou qu'il photographiait pour son livre à lui, pour ses impressions de voyage que Hachette publiera, plus tard, dans le *Tour du monde*, de Charton.

Il rapporta de cette exploration deux volumes de notes qu'il nous a été donné de parcourir, et dans lesquels le jeune explorateur a consigné, à côté de ses impressions artistiques et scientifiques, ses remarques sur l'organisation des consulats en Orient et sur la politique orientale de la France. Ces notes, qui n'ont pas été publiées, devraient l'être ; on y verrait comment, de bonne heure, Lockroy s'était, à l'insu de tous, préparé à ces graves études, quel degré de compétence et d'autorité il s'y était évidemment acquis par des travaux préparatoires très approfondis, facilités du reste par une remarquable faculté d'assimilation.

Nous laissons de côté bien des épisodes curieux, qui se rattachent à cette époque de sa vie, et qui ne présenteraient qu'un caractère intime et anecdotique, mais toutefois bien intéressant.

Les plus vives et les plus curieuses impressions de voyage, — surtout d'un voyage officiel, — sont souvent celles que le voyageur n'écrit pas. Le charme s'en échappe quand Lockroy les raconte, et ses amis savent quel narrateur il est. Les épisodes intimes, les alertes dans le désert, les accidents, les rencontres fâcheuses dans ces solitudes lointaines, les nuits passées à la belle étoile près des grottes de Mar Georgious ou sur les bords silencieux du Narh-Azi, les courses émouvantes au milieu des caravanes, les longues rêveries au bord des puits, les haltes forcées dans les débris d'une crypte, les inquiétudes des gîtes suspects aux pieds du Liban, tout cela n'est pas dans le récit imprimé. Ce récit ne devait être qu'un document scientifique. A peine quelques anecdoctes, quelques traits de mœurs : « L'Orient, dit Lockroy, ne s'attache qu'à la forme... Le moindre gardien de bestiaux y a une allure biblique : de loin l'on croit voir Abraham, de près c'est un gueux vêtu de loques. Il est patriarche à vingt pas, goujat à deux. » Et, pour dépeindre l'indifférence fataliste de ce peuple qui passe sa vie à regarder, sans s'émouvoir, l'abandon et l'écroulement des ruines : « Je me souviens qu'étant un jour dans un village du Liban, j'entendis tout à coup un fracas épouvantable ; mon hôte ayant mis la tête à la fenêtre : ne vous dérangez pas, me dit-il, ce n'est rien, c'est l'église qui vient de tomber. »

A Djebel, où il dirigeait des fouilles, il fut atteint du typhus pétéchial. Les arabes jetèrent au pied d'un vieux mur ce « chien de chrétien » et le laissèrent agonisant sous l'ardent soleil. Une jeune fille se prit de pitié pour le moribond, se pencha vers lui, versa sur ses lèvres l'eau fraîche de la fontaine voisine et lui sauva la vie. Revenu à lui, le pauvre archéologue bénit son charmant libérateur, et, quelques jours après, il put, grâce à la générosité d'un conducteur de chameaux, prendre le chemin de Beyrouth, où le consul français l'accueillit et lui fit donner des soins. Quand il fut guéri, il recommença ses investigations et ses voyages.

C'était en 1861 et 1862.

Il ne voulut pas quitter l'Orient sans voir l'Égypte : il partit pour le pays des Pharaons.

La mission de Lesseps et d'Escayrac de Lauture venait de ramener l'intérêt sur ce pays. Lockroy remonta le Nil jusqu'au delà de la deuxième cataracte, suivant les traces de ses glorieux devanciers. Avide d'ajouter quelques notions à celles, encore très vagues, qu'on possédaitalors sur ces régions mystérieuses, il parvint, en explorateur passionné, jusqu'à ces limites que les Anglais ont franchies, dans ces dernières années, pour y subir la guerre atroce que l'on sait.

Revenu à Paris, notre voyageur y continua ces études, auxquelles il s'était voué tout entier et dans lesquelles il se fût fait un nom si les évènements n'étaient pas les maîtres de chacun de nous. Ses rapports publiés, comme nous l'avons dit, dans l'ouvrage de M. Renan, les planches qu'il a signées de son nom, lui préparaient déjà une place et lui assuraient un nom dans le monde de la science archéologique. Il publia, dans la *Gazette des beaux-Arts* (1863), une étude originale sur le temple de Salomon; il publia dans la *Nouvelle Revue de Paris*, où écrivaient à côté de lui About et Philarète Chasles, une grande étude sur *l'Égypte et la Syrie à la fin du XVIIIe siècle.*

Mais la vie matérielle a des exigences impérieuses.

Lockroy n'est pas riche, et le jeune savant n'a pas le temps d'attendre de ce côté, où la gloire est lente à venir, la fortune plus lente encore. De plus, dans sa double nature de travailleur et d'artiste, il possède au plus haut degré, l'esprit parisien et frondeur. Il a vingt-trois ans, sa plume va lui être un moyen d'existence et le voilà satyrique. A cette époque, il collabore, avec Sarcey, au *Journal littéraire*, fondé par Polydore Millaud, si heureux avec le *Petit Journal;* et il y publie une série d'articles de vulgarisation scientifique, en même temps que des articles de philosophie positive. Un peu plus tard, il fait paraître dans le *Tour du Monde* le récit de son voyage en Syrie, avec ce sous-titre : *Mission scientifique de M. Renan* (1863. 1er trim.).

Mais c'était l'époque où une partie de la jeunesse française commençait à se passionner pour la politique d'opposition. Lockroy rencontra Villemessant, lequel, comme on sait, ne laissait jamais passer à sa portée un homme d'esprit sans l'arrêter au passage. C'est alors que parurent, dans l'ancien *Figaro*, ces articles vigoureux, les *Menus propos*, dans lesquels le jeune écrivain faisait le tirailleur contre les abus de toute sorte, politiques et sociaux, et créait un genre de guérilla littéraire qui avait bien sa marque individuelle et qui, dans l'histoire du pamphlet en France, le place au premier plan, entre la manière de Camille Desmoulins et celle de Rochefort.

Ces articles ont paru plus tard (1867) en trois volumes, aujourd'hui introuvables, sous ce titre : *les Aigles du Capitole*.

Sa collaboration au *Diable à Quatre*

(1867) lui valut quatre ou cinq condamnations.

En 1868, le *Rappel* bat le rappel. Lockroy y fait d'abord la *Petite Guerre*, pour y continuer, dans des articles quotidiens, une collaboration qui n'a cessé que dans ces derniers temps, quelques jours à peine avant le jour où M. Grévy lui a confié le portefeuille du Commerce et de l'Industrie.

Pour être complet, dans cette étude rapide, ajoutons que M. Lockroy a publié :

En 1868, divers articles dans l'*Encyclopédie nationale*, où il a écrit, notamment, l'article Académies ;

En 1869, une brochure sur les impôts et le budget : *A bas le Progrès ;*

En 1871, une brochure de polémique politique : *La Commune et l'Assemblee ;*

En 1878, un volume sur la campagne de Sicile : *L'Ile révoltée ;*

En 1881, *Le Journal d'une bour-*

geoise, œuvre curieuse de Madame Julien, son arrière-grand'mère, et dont il n'a écrit que la préface.

M. Lockroy a failli avoir un malheur qui n'arrivera jamais à un sot.

Il a eu trop d'esprit.

Si bien qu'il a dû forcer l'opinion comme une porte fermée pour entrer dans cette carrière politique, qui était l'objet perpétuel de tous ses vœux. On était tellement habitué à voir en lui, avant tout, l'homme aimable et le journaliste spirituel, qu'on s'est très longtemps obstiné à ne pas voir dans sa personne le travailleur, l'homme politique, le futur ministre.

Et cependant, la vérité est que, depuis vingt-cinq ans, la vie publique, les travaux parlementaires, les succès de la tribune et la direction des affaires de son pays étaient son rêve et son ambition.

La vie politique a commencé pour lui

sous l'Empire dès ce premier et ardent réveil de la jeunesse française se levant pour les luttes de la liberté, — de la dignité nationale aussi.

Littérateur ou savant, Lockroy serait allé à l'Institut. Comme son ami Naquet qui, déjà compté parmi les maîtres de la science, préféra les tristesses de ces combats sans fin, il se voua tout entier à la conquête de la République.

Nous avons esquissé la physionomie jeune et vivante — malgré ses cheveux blancs qui datent de Djebel — du ministre du Commerce et de l'Industrie ; consacrons quelques lignes au républicain, à l'homme public.

Là aussi il est original et point banal, ce qui est beaucoup : obstiné, ferme, passionné dans l'opposition, conséquent avec lui-même dès qu'il est arrivé au pouvoir. Qualités rares, programme rarement suivi, exemple peu souvent donné depuis que, sous la troisième république, tant d'hommes se succèdent à la direction des affaires publiques!

En 1870, il s'engagea comme volontaire et fut nommé chef du bataillon dit de l'Octroi. « Ceux de votre parti ne se sont pas battu, ne l'oubliez pas, » lui cria M. H. de Choiseul, dans une des premières séances de l'Assemblée nationale. Lockroy protesta, rappelant que son père, volontaire comme lui, avait été blessé à ses côtés dans une affaire d'avant-poste. Et le général Le Flô rectifiant, M. de Choiseul fut obligé de reconnaître que les républicains avaient su être au péril, au devoir.

Au 8 février, il avait été élu sur la liste du département de la Seine avec 134,583 suffrages.

Le 3 mars, quelques jours après cette mémorable séance où la presque unanimité des représentants du pays avaient déclaré Napoléon III responsable de l'invasion et du démembrement de la France, Lockroy demandait que tous les hommes qui avaient été complices de l'Empire fussent exclus de l'Assemblée. Tel était alors l'état des esprits contre le régime détesté qui venait de disparaître.

Au 18 mars, il signait à Paris la déclaration des députés et des maires demandant les élections et le maintien de l'ordre.

Le 2 avril, il envoyait, en même temps que M. Floquet, sa démission de représentant du peuple, démission qui n'arrivait à Versailles que le 21. Dans l'intervalle, un M. Jonhston avait demandé à l'Assemblée qu'on procédât contre lui pour un article paru au *Rappel* et qui avait eu le don d'irriter M. Dufaure. Légalement non démissionnaire, puisque sa démission n'était pas encore parvenue à l'Assemblée à cette date, Lockroy fut arrêté le 5 avril, près de Vanves.

Emprisonné à Versailles, il ne fut mis en liberté qu'au mois de juin.

Au 23 juillet, les électeurs du XIe arrondissement le choisirent pour conseiller municipal.

Il rédigea le *Peuple souverain*, où il écrivit un article à sensation : *Mort aux traîtres*, qui amena son duel avec M. Paul de Cassagnac, duel qui le fit condamner, ainsi que son adversaire, à quinze jours de prison (juillet 1872).

Le 17 mars 1873, il fut condamné, pour un article inséré au *Rappel*, *la Libération du territoire*, à un mois de prison et 500 fr. d'amende. Il était à Sainte-Pélagie quand les électeurs des Bouches-du-Rhône le renvoyèrent à l'Assemblée nationale, après la mort du député Heirieis, l'ami de M. Thiers, le 29 du même mois.

Dès ce jour, Édouard Lockroy devint un des membres les plus laborieux de l'Assemblée.

L'arrondissement d'Aix l'élut une première fois, en février 1876 ; puis, dans les 363, au 14 octobre 1877. Élu de nouveau à Paris, en 1881, avec M. Floquet dans la 11e circonscription, il a eu l'honneur, au 18 octobre 1885, d'être le premier député de la grande ville.

Ce qui a fait la permanence de ses succès électoraux, ce qui lui a valu le premier rang dans cette dernière manifestation populaire, c'est son énergique et intrépide attitude politique, c'est l'activité qu'il n'a cessé de déployer au Parlement, ses vigoureuses campagnes dans la presse à toutes nos heures de crise ; c'est la série ininterrompue de ses travaux parlementaires et sa fidélité à notre programme. C'est, sans doute aussi, le souvenir de la part qu'il prit, aux jours néfastes du 16 mai, aux travaux de commission des Dix-huit, cette commission de défense et de lutte pour la République qui sortit de la solennelle réunion des Réservoirs, à Versailles, — et dans laquelle Lockroy apporta le concours de son dévouement patriotique et de son courage.

Si l'on parcourt les tables nominatives de nos annales parlementaires, on peut se convaincre de la somme énorme de travail et d'activité que Lockroy a mise au service de son mandat. Il a parlé en faveur de l'amnistie, pour la séparation de l'Église et de l'État, pour la répartition plus équitable des charges publiques, pour l'organisation et le fonctionnement des chambres syndicales, pour l'instruction primaire. Il a parlé en faveur de la liberté de la presse et de la liberté d'association. Il a proposé, des premiers, la création d'une caisse des écoles ; il a demandé et obtenu de la Chambre l'isolement de notre si précieuse Bibliothèque nationale au moyen d'une somme précédement affectée à la reconstruction des Tuileries. Sept fois membre de la commission du budget, il a fait de nombreux rapports à la Chambre au nom de cette commission ; et, enfin — titre précieux à nos yeux — il a vigoureusement plaidé contre la folie des expéditions lointaines.

Cette énumération, un peu faite au hasard, de ses actes parlementaires, explique aisément pourquoi Lockroy est le premier élu de Paris.

Dès la rentrée, il entreprit, dans plusieurs réunions plénières, d'unifier le parti républicain un instant inquiété par les résultats du 4 octobre. Mais la panique étant dissipée, le projet de cohésion avorta. Nous ne voulons pas le regretter : la division des efforts, née de la diversité des esprits et des tempéraments, est peut-être une condition de force et de vitalité pour un parti.

Quoi qu'il en soit, Lockroy était dès ce jour désigné pour entrer aux affaires,

Quand le ministère Brisson disparut comme une ombre plaintive, Lockroy fit partie de la combinaison nouvelle, présidée par M. de Freycinet, et prit le ministère du Commerce, devenu le ministère du Commerce et de l'Industrie (9 janvier).

C'est là qu'il est encore au moment où nous terminons cette rapide esquisse d'une existence si pleine de travail et d'actes. Depuis qu'il est ministre, il a, pour ainsi dire, créé son département. Il tend à réaliser cette parole que, dans un gouvernement républicain et dans un régime de paix, le Commerce et l'Industrie — le travail national — doivent être au premier rang de nos préoccupations, et que ce département doit devenir le premier de tous. Il finira par en être ainsi. Le champ est vaste devant un ministre qui comprend ainsi sa mission; et déjà ses jours de pouvoir sont remplis d'œuvres : la loi sur l'Exposition universelle de 1889, l'organisation de l'Enseignement technique, la représentation populaire élargie en matière commerciale, la juridiction d'appel accordée aux Prud'hommes, l'arbitrage. Puis, vont venir des lois sur le crédit populaire, la protection des enfants dans les usines, les logements insalubres, la salubrité publique, la réorganisation des consulats au point de vue commercial, etc. Belle carrière à parcourir, œuvres utiles à oser, projets, réformes dans l'intérêt du travail national, de l'industrie nationale, il y a là de quoi tenter et séduire l'activité patriotique de Lockroy.

En attendant, il peut servir de type aux hommes qui, dans notre temps, se consacrent à la chose publique. De l'homme de lettres, de l'artiste, a émergé en lui, à l'âge des forces vives, le citoyen, le travailleur, le lutteur : loi morale, loi humaine ; évolution normale qu'on peut offrir pour exemple à ceux qui nous suivent et qui, demain, aspireront à servir utilement et dignement la France et la République !

FIN

ASNIÈRES. — IMP. LOUIS BOYER ET Cie, 7, RUE DU BOIS.

www.ingramcontent.com/pod-product-compliance
Ingram Content Group UK Ltd.
Pitfield, Milton Keynes, MK11 3LW, UK
UKHW022138260726
13993UKWH00005B/2007

9 782329 324883